Heinrich Stadelmann

Zeitklänge - Gaben der deutschen und römischen Muse

Heinrich Stadelmann

Zeitklänge - Gaben der deutschen und römischen Muse

ISBN/EAN: 9783743442351

Hergestellt in Europa, USA, Kanada, Australien, Japan

Cover: Foto ©Thomas Meinert / pixelio.de

Manufactured and distributed by brebook publishing software (www.brebook.com)

Heinrich Stadelmann

Zeitklänge - Gaben der deutschen und römischen Muse

Zeitklänge,

Gaben

der deutschen und römischen Muse.

Von

Heinrich Stadelmann.

Memmingen.
Verlag von Oskar Besemfelder.
1872.

Inhalt.

	Seite
Aufruf	1
Reiterlied	3
Barbarossa's Scheidegruß	6
Schlachten-Gebet	12
Babel	14
Saxa loquuntur	16
Kriegers Grablied	19
In Reditum Pacis	20
Friedens-Hymne	21
Gaudeamus igitur	26
Laßt uns freu'n und fröhlich sein	27
Siegers Heimkehr	30
Nach dem Kriege. I. II.	33—36

Anhang.

	Seite
Der deutsche Rhein von Nic. Becker	38
Germanus Rhenus esto	39
Das Kutschke-Lied von Herm. Alex. Pistorius	42
Cantilena Kutschkeana	43
Die Wacht am Rhein von Max Schneckenburger	46
Custodia Rhenana	47

Aufruf.

Die Trommel erdröhnt und der Kriegsruf gellt
Und rufet die deutschen Männer in's Feld,
Die deutschen Männer voll Kraft und Mut
In's Feld gegen fränkische Lügenbrut.

Schon stehen bereit sie aus Nord und aus Süd,
Von einem Gedanken die Seele durchglüht:
Zu Boden zu werfen den tückischen Feind,
Der ihre Freiheit zu morden gemeint.

So sei denn mit euch der allmächtige Gott,
Der gewaltige HErr HErr Zebaoth!
Ihr zoget mutig zum heiligen Krieg:
So woll' er euch gnädig verleihen den Sieg!

Doch wehe, was bringt mir mit einmal in's Ohr?
Es ist ein vieltausendstimmiger Chor,
Ein Weinen und Jammern, so weh und so bang,
Wie nimmer ein Klagen in's Herze mir drang.

O daß er euch Allen doch dräng' in's Herz,
Der verlassenen Weiber und Kinder Schmerz!
O höret ihr Stöhnen, o hört ihre Noth!
Wie bald rafft den Gatten, den Vater der Tod!

Dann sitzen die Armen in Elend und Gram,
Ihr Brod zu erbetteln verbeut nur die Scham —
O öffnet das Herz, o öffnet die Hand
Den tapfern Kämpfern fürs Vaterland!

Ist dann zertrümmert des Franzmanns Macht,
Kehrt siegreich der Deutsche zurück aus der Schlacht,
Dann dürft ihr jubeln noch ein's so laut:
Am Siegeswerk habt ihr ja mit gebaut;

Habt die Krieger mit neuem Mute beseelt,
Habt ihre sinkenden Arme gestählt —
Drum öffnet das Herz, drum öffnet die Hand
Den tapfern Kämpfern für's Vaterland!

Reiterlied.

Frisch auf, ihr Kameraden,
Frisch auf und an den Rhein!
Ein Rittlein mag nicht schaden,
Im Rhein die Rößlein baden
Und wir im gold'nen Wein.

Frisch auf, ihr wackern Brüder,
Frisch auf in Feindes Land!
Den Franzmann hau'n wir nieder,
Daß ihm's durch alle Glieder
Hinfährt wie Blitz und Brand.

Frisch auf, ihr tapfern Streiter,
Frisch auf und an den Rhein!
Wir sind ja wack're Reiter,
Reit'n über'n Rhein und weiter,
Bis nach Paris hinein!

Der Wilhelm und der Fritze,
Die geh'n uns kühn voran —
So fahren wir wie Blitze
Mit Roß und mit Geschütze
Durch Dick und Dünn hindann.

Und wenn die Kugeln sausen
Und wenn der Donner kracht,
Das schafft uns wenig Grausen,
Dann geht's wie Wetterbrausen
Wohl in die heiße Schlacht.

Das ist ein muntres Tanzen,
Das ist ein lust'ger Strauß
Mit Schwertern und mit Lanzen,
Da soll dem Schelmenfranzen
Der Athem gehen aus.

Da wollen wir ihn raufen,
Den stolzen welschen Hahn,
Da soll, ohn' zu verschnaufen,
Auf und davon er laufen,
So schnell als er nur kann.

Und haben wir dem Racker
Dann Mores brav gelehrt,
Dann kehr'n wir froh und wacker
Zu Haus und Hof und Acker,
Zu Weib und Kind und Herd.

Und wenn die Kugeln trafen
Und sank in Tod dahin
Wohl mancher von den Braven,
So mag er ruhig schlafen,
Sein Bett ist kühl und grün.

Er braucht' nicht lang zu beichten,
Er starb mit frohem Mut —
Der Thau sein Grab wird feuchten,
Die Sternlein drüber leuchten:
So ruht sich's wohl und gut.

Drum frisch, ihr tapfern Streiter,
Frisch auf und an den Rhein!
Wir sind ja wack're Reiter,
Reit'n über'n Rhein und weiter,
Bis nach Paris hinein!

Barbarossa's Scheidegruß.

Es dröhnt die Kriegsdrommette,
Die Trommel ruft zum Streit!
Komm, Barbarossa, rette
Dein Volk! Schwer ist die Zeit.

Es ist kein eitel Klimpern,
Es gilt für Haus und Herd —
Den Schlaf wisch' von den Wimpern!
Gürt' um dein wuchtig Schwert!

Aus unterird'schem Schlosse
Mit deinen Mannen all
Steig' auf und hoch zu Rosse
Führ' uns mit Waffenschall!

Führ' uns zum heil'gen Kriege —
Der alte Erbfeind dräut —!
Führ' uns mit Gott zum Siege!
Wir stehen kampfbereit.

Richt' auf in alter Schöne,
Du Held, dem keiner gleich,
Daß ew'ger Ruhm dich kröne,
Richt' auf das deutsche Reich!"

Es hört tief im Kyffhäuser
Wohl seines Volkes Schrei
Der alte Staufenkaiser,
Er fragt sich, was es sei.

Doch bald ist er entschlossen —
Die Raben sind entfloh'n —
Mit rüst'gen Kampfgenossen
Sitzt er zu Rosse schon.

Da, wie sein Roß er wendet
In stolzem Reitermut,
Hält plötzlich er, geblendet —
Ist's von der Sonne Glut?

Hat seine Heldenaugen
Die lange Grabesnacht
Geschwächt, daß sie nicht taugen
Zu schau'n des Tages Pracht?

Noch ist sein Blick so helle,
Wie er vor Zeiten war;
Doch beut sich ihm zur Stelle
Ein selten Schauspiel dar.

Viel tausend Helme blitzen,
Viel tausend Banner weh'n,
Kanonen und Haubitzen
Viel hundert rasselnd geh'n.

Wie blinken scharf und schneidig
Die Waffen in der Rund'!
Wie klingt so siegesfreudig
Ein Lied aus Aller Mund!

Das Lied vom deutschen Rheine,
Es dröhnt wie Wogenprall,
Es dringt durch Mark und Beine
Wie lauter Donnerhall!

Und dort! Hinan den Hügel,
Das Haupt wie Silber weiß,
Da reitet hoch im Bügel
Ein ritterlicher Greis.

Zur Seit' ihm unerschrocken
Ein Jüngling sprengt geschwind;
Wie weh'n die blonden Locken
So licht im Morgenwind!

Es flammt ihr Aug' wie Blitze; —
Es ist der Doppelaar,
Der Wilhelm ist's, der Fritze,
Das hohe Heldenpaar.

Der Kaiser schaut mit Staunen
Den stolzen Kriegerchor,
Indeß verwundert raunen
Die Knappen sich in's Ohr.

Drauf ruft der Barbarosse:
„Heil, Barbablanka, Dir!
In meinem nächt'gen Schlosse
Kaum träumt' ich Solches mir.

Wie ward doch nur geschaffen
Dieß alles über Nacht!
Ein einig Volk in Waffen
Mein Deutschland ist erwacht!

Glück auf, ihr deutschen Söhne,
Der Heldenväter werth!
Und daß mit Sieg euch kröne
Bald euer tapfres Schwert!

Glück auf, du edler Zoller,
Der kühn die Kühnen führt!
Daß reicher stets und voller
Des Ruhmes Kranz dich ziert!

Es legt der alte Staufe
Dir segnend auf die Hand!
Heil denn zum Siegeslaufe,
Heil dir, mein Vaterland!

Ich aber, der gesehen
Solch Wunder hoch und hehr,
Will wieder schlafen gehen,
Wo ich gekommen her.

Will drunten träumend lauschen,
Wie Deutschlands kühner Aar
Mit majestät'schem Rauschen
Aufschwingt sein Flügelpaar,

Wie er in edlem Grimme
Den welschen Hahn zerfleischt,
Daß nimmermehr der schlimme
Nach uns'rem Rheine kreischt.

Leb, König, wohl, bald Kaiser,
Vom Lorberkranz umlaubt!
Nun berg' ich im Kyffhäuser
Mit Stolz mein altes Haupt!"

Der Kaiser spricht's und winket,
Da öffnet sich die Kluft:
Mit Mann und Roß er sinket
Dahin in Nebelduft.

Schlachten-Gebet.

(Nach Psalm 35.)

Herr, der Du mächtig bist vor allen Herrn,
Dem unser Beten gilt so nah als fern,
Laß leuchten uns des Sieges gold'nen Stern!

Schieß' Deinen Donnerstrahl auf's frevle Haupt
Des Räubers, der zu knechten uns geglaubt,
Daß nimmermehr ein Lorber ihn umlaubt!

Nimm Deinen Schild und zücke Deinen Speer!
Tritt her in Deiner Kraft und ruh' nicht eh'r,
Als bis wie Spreu zerstiebt der Feinde Heer!

Laß stürzen sie in's Netz, das sie gestellt!
Von keinem Lichte sei ihr Pfad erhellt,
Auf daß ihr stolzer Fuß zur Grube fällt!

Doch unsre Seele freue sich des HErrn:
Er löst Sein Volk vom Joch des Drängers gern;
Laßt uns anbeten unsres Heiles Stern!

Babel.

Ach', gezählt sind deine Tage —
Sink', o Babel, in den Staub!
Wogst zu leicht auf Gottes Wage,
Wirst dem Feind zu blut'gem Raub.

Tanztest frech und immer frecher
Um das gold'ne Kalb, wie toll;
Leertest keck den Taumelbecher,
Der dir heiß zu Munde schwoll.

Eine Ceder ragtest mächtig
Du zum fernsten Wolkenkranz;
Wie der Stern des Morgens prächtig
Strahltest du in hellstem Glanz.

Weh', von seiner stolzen Höhe
Fällt der schöne Morgenstern!
Die gewalt'ge Ceder, wehe,
Wird zerspellt vom Blitz des HErrn.

Ausgeschüttet mit dem Weine
Wird der schimmernde Pokal,
Hingestürzt auf Schutt und Steine
Liegt das gold'ne Kalb zumal!

Wogst zu leicht auf Gottes Wage,
Wirst dem Feind zu blut'gem Raub,
Weh', gezählt sind deine Tage —
Sink', o Babel, in den Staub!

Saxa loquuntur.

Wer mich geseh'n, der hat geweint,
Und wer mich sieht, der weine, weine!*)
Kennst du die grausig ernste Schrift?
Sie steht auf einem alten Steine,

---

*) Unterhalb Paris liegt im Seinefluß ein Felsen, welcher vom Volke der „redende Stein" genannt wird. Dieser Felsen kommt nur in höchst trockenen Sommern zum Vorschein und war, wie wir in einer Zeitung lesen, bei der letzten großen Trockenheit des Vorsommers 1870 wieder sichtbar. Das letztemal sah man den redenden Stein im Jahre 1755; in jenem Jahre wurde Lissabon durch ein Erdbeben zerstört. Auf dem Felsen finden sich folgende Worte eingehauen (und darum heißt er auch der redende Stein): Diejenigen, die mich gesehen haben, haben geweint, und diejenigen, welche mich wieder sehen werden, werden wiederum weinen.

Auf einem Stein im Seinestrom,
Nicht weit von Frankreichs Metropole;
Nur selten zeigt er sich dem Blick,
Doch nimmer ist es dann zum Wohle.

Krieg, Brand, Erdbeben, Leid auf Leid
Verkündet allzeit sein Erscheinen —
„Wer mich geseh'n, der hat geweint,
Und wer mich sieht, wird weinen, weinen!"

Lisboa weiß es, was der Stein
Bedeutet ihm, der räthselhafte;
Noch denkt mit Schaudern es den Greul,
Der jäh ihm seine Pracht entraffte.

Auch sie, die neue Babel dort,
Die frevle, üppig tolle Buhle,
Auch sie vernahm den grausen Spruch
Und fiel entsetzt vom gold'nen Stuhle.

Ja, wie nach heil'ger Sage einst,
Da Beda sprach, der fromme Alte,
Zu züchtigen des Knaben Trug,
Aus Steinen „Amen! Amen!" schallte:

So ward der frechen Lügenstadt,
Daß sie die Welt nicht länger höhne,
Geweissagt jüngst ihr Strafgericht
Von jenem Stein dort in der Seine.

„Wer mich geseh'n, der hat geweint,
Und wer mich sieht, wird weinen, weinen!"
HErr, deß die Rache ist, wie sprichst
Du donnergleich aus stummen Steinen!

Kriegers Grablied.

Ruh' sanft in kühlem Grabe
Nach heißem, blut'gem Strauß,
Und sel'ger Friede labe
Dich nun in Gottes Haus!

Du hast so brav gestritten
Für's theure Vaterland,
Und was du drum gelitten,
Wir haben's treu erkannt.

Um deinen Hügel leuchtet
Der Freiheit Morgenroth:
Ob unser Aug' sich feuchtet,
Wir preisen deinen Tod.

Ruh' sanft in kühlem Grabe
Nach heißem, blut'gem Strauß,
Und sel'ger Friede labe
Dich nun in Gottes Haus!

In Reditum Pacis.

Ave, dulcis Pax et alma,
Nobili insignis palma!
Ave munus coelicum!
Belli tristis post furores,
Minas, vulnera, cruores
Blandum refers gaudium!

Te salutat laeta mente
Senex turba cum virente,
Ovat vir et femina;
En, compescunt pater, mater,
Uxor, sponsa, soror, frater
Lacrimarum flumina.

Friedens-Hymne.

Friede, süßer Himmelsknabe
Mit des Oelbaums grünem Stabe,
Gruß dir aus bewegter Brust!
Nach des Krieges Jammerscenen,
Nach Gefahren, Wunden, Thränen
Bringst du wieder Wonn' und Lust!

Aus tiefinnerstem Gemüte
Grüßet dich der Jugend Blüte,
Dich der Greis im Silberhaar;
Vater, Mutter, Schwestern, Brüder,
Braut und Gattin lächeln wieder,
Blicken wieder hell und klar.

Omnis dolor est abstersus,
Collaetatur universus
Imo corde populus.
„Io" jam „triumphe!" dicit
Totus grex. „Superbum vicit
Gallum fortis Teutonus."

Ut gigantem gloriosum,
Grandi robore famosum
Pius Jessae filius,
Ita novum novus David
Goliathum humi stravit:
Praedicetur Dominus!

Praedicetur, celebretur,
Digna laude collaudetur
Dux bellorum maximus,
Qui post pugnae furibundae
Iras Pacis nunc jucundae
Donat nos muneribus!

Pax jucunda, grata Quies!
Ter beata illa dies,

Abgewischt sind alle Zähren,
Lieblich jedes Aug' verklären
Siehst du nun der Freude Licht.
„Sieg!" ertönt es allerwegen —
„Sieg! der Franzmann ist erlegen,
Stolz und Listen frommten nicht."

Wie dereinst des mächt'gen Riesen
Prahlen eitel sich erwiesen,
Der vor David ward zu Spott:
Also thät den Überfrechen
Welschen Deutschland niederstrecken,
Dank und Preis sei unserm Gott!

Dank und Preis und Ruhm und Ehre
Sei dem Herrn der Engelheere
Frommen Sinnes dargebracht!
Er ließ strahlen uns des holden
Friedens Sonne, wonnig golden,
Nach des Krieges Wetternacht.

Süße Ruhe, holder Friede,
Nie zu preisen gnug im Liede,

Qua es nobis reddita!
Leni ala commorare,
Quam nunc vides triumphare,
Super nostra patria!

Pio sub Imperatore
Novo aucta jam honore
Crescat usque laetius!
Crescat usque et vigescat,
Revirescat et florescat
Cunctis pacis artibus!

Ave, dulcis Pax et alma,
Nobili insignis palma!
Ave munus coelicum!
Belli tristis post furores,
Minas, vulnera, cruores
Blandum refers gaudium!

Heil dem Tag, der dich errang!
Wolle Segen niederthauen
Auf die lieben deutschen Auen!
Weile bei uns, weile lang!

Unter seinem frommen Kaiser
Flocht sich neuen Ruhmes Reiser
Unser theures Vaterland;
Treu nun in der Musen Dienste
Laß es blühn des Friedens Künste
In herzinnigem Verband!

Friede, süßer Himmelsknabe
Mit des Oelbaums grünem Stabe,
Gruß dir aus bewegter Brust!
Nach des Krieges Jammerscenen,
Nach Gefahren, Wunden, Thränen
Bringst du wieder Wonn' und Lust!

Gaudeamus igitur.

Gaudeamus igitur!
  Viridi cum palma
  Proelia post furiosa,
  Funera post luctuosa
Pax revertit alma.

Vivat jam Germania
— Quovis sonet ore! —
Laeta lauro redimita,
Stabilita et unita!
Semper sit in flore!

Vivat Guilielmus Rex!
Vivat Imperator!
Priscae lucis Germanorum
Revocator et honorum
Ac salutis stator!

Laßt uns freu'n und fröhlich sein.

Laßt uns freu'n und fröhlich sein!
Mit des Oelbaums Laube
Nach des Krieges wildem Tosen
Nahet uns mit süßem Kosen
Nun des Friedens Taube.

Deutschland hoch! erschall' es laut,
Schall' aus jedem Munde!
Stolz bekränzt mit Lorberzweigen
Seh'n wir's frisch und jung aufsteigen:
Heil der sel'gen Stunde!

König Wilhelm lebe hoch!
Flechtet grüne Reiser!
Alter Herrlichkeit Erneuer
Lenkt er fest des Reiches Steuer:
Hoch der deutsche Kaiser!

Vivat Ludovicus Rex,
Foederis servator!
Suae memor majestatis,
Alienae dignitatis
Aequus aestimator!

Vivant belli praesides
Acres, ingeniosi!
Vivant nostri milites
Victo hoste nobiles,
Pii, animosi!

Requiescant molliter
Mortis falce strati!
Vivunt nostris animis
Et in coeli atriis
Gaudent jam beati.

Pereat tristitia,
Pereant osores!
Pereat diabolus,
Quivis Antiteutonus
Atque irrisores!

König Ludwig lebe hoch!
Jubelt ihm nicht minder!
Seiner Würde unvergessen
Wußt' er fremden Werth zu messen,
Ward so Reichsbegründer!

Hoch des Krieges Führer all,
Hoch die edlen, klugen!
Hoch der tapfern Krieger Schaar,
Die nicht achtend der Gefahr
Kühn die Feinde schlugen!

Ruh' und Frieden auf die Gruft
Aller, die gefallen!
Tief im Herzen leben sie,
Selig droben schweben sie
In des Himmels Hallen.

Fort mit Neid und Grämelei!
Untergang den Ekeln!
Untergang der Teufelsbrut,
Die uns deutschen Sinn und Mut
Hämisch will bemäkeln!

Siegers Heimkehr.

So kommst du her in dem rothen Gewand,
Das Schwert geröthet in deiner Hand?
Vom Lorberreise die Schläfen umlaubt,
Das Auge so hell, so erhoben das
    Haupt?

„„Ich komm' aus dem blutigen Völkerstreit,
Drum färbte so roth sich das Schwert und das Kleid;
Wir schlugen zu Boden den fränkischen Gauch,
Drum schmückt uns der Lorber, drum glänzt uns
    das Aug'.

Das war eine Lust! Wie stunden so treu,
So fest zusammen der Aar und der Leu!
Wie bissen die Zähne des Leuen so grimm!
Wie hieben die Krallen des Adlers so schlimm!

Wie Spreu, so stoben die Welschen davon,
Es beugte zerknirscht sich Napoleon,
Und vorwärts ging es wie Wetter und Blitz
Nach Paris, dem verlassenen Kaisersitz.

Die neue Babel, so stolz und keck,
Bei unserm Nahen erblich vor Schreck;
Wohl trotzte sie noch und sann auf List
Und spann viel' Ränke noch lange Frist.

Doch endlich zergingen ihr Witz und Kunst,
Wie vor der Sonne zergeht der Dunst;
Voll war das Maß ihrer Sünden: sie fiel
Dem Sieger zu Fuß und — erreicht war das Ziel!

Nun kehren wir glorreich zum heimischen Herd,
Von Blute triefend das tapfere Schwert,
Vom Lorberreise die Schläfen umlaubt,
Das Auge voll Glanz und erhoben das Haupt!

Voran der greise, der mutige Held,
Der kühn seine Deutschen geführt ins Feld.
Als König und Krieger wohl zog er hinaus,
Als Kaiser und Sieger nun kehrt er nach Haus!"'"

„Hab Dank der Kunde! Wie froh sie klingt!
Vor Freuden das Herz im Leibe mir springt!
Zertrümmert des Erbfeinds tückische Macht
Und Deutschland erstanden in herrlichster Pracht!

Erstanden zum Ruhm, wie's noch keiner gekrönt,
Von zweier Welten Jubel umtönt,
Ein Volk der Tugend, ein Volk der Treu',
Wie der Adler so frisch und so stark wie der Leu!"

Nach dem Kriege.

I.

Glorreich prangest du nun, Germania, lorber-
gekrönte,
Aber vergiß nicht des Bluts, das dir
den Lorber gewann!
Ach, wie viele doch hat in lieblicher Blüte der Jugend,
Reiferen Alters wie viel' grausam das Eisen
entrafft!
Freudig zogen sie aus, zu schirmen das köstliche
Kleinod,
Welches dir fränkischer Hohn schnöde zu rauben
vermeint.

Freudig kämpften sie drauf und herrlich siegten die
    Braven,
Aber den Siegenden ward fern von der Heimat
    ihr Grab.
Blumen schmückten sie nicht, nicht Kränze, der
    trauernden Liebe
Freundliche Zeichen, es weist keine Cypresse den
    Ort.
Schlummert in Frieden, Geliebte! Ihr habt das
    Schönste erworben;
Droben, ihr Helden, im Licht winkt euch die Palme
    des Siegs.
Schlummert in Frieden, doch du, Germania,
    lorbergekrönte,
O vergiß nicht des Bluts, das dir den Lorber
    gewann!

II.

Es ward ein Kampf gekämpfet,
Wie keinen man ersah,
Es hat den Feind gedämpfet
Siegreich Germania;
Es hat zu Staub zerschlagen
Mit urgewalt'gem Stoß,
Den man so stolz sah ragen,
Den thönernen Koloß.

Es ward ein Reich gegründet,
Wie keines noch erstand;
Vom Fels zum Meer verbündet
Fest steht das deutsche Land.
Und daß sein Volk drin wohne
Der Ehren unberaubt,
Glänzt hehr die heil'ge Krone
Auf seines Kaisers Haupt.

So wachse denn und blühe,
Mein Deutschland, hochbeglückt!
Und hell und heller glühe,
Was dich von je geschmückt!
Nähr' deutsche Treu' und Sitte,
Nähr' deutsche Kunst und Kraft!
Dann weilt in deiner Mitte
Der HErr, der dir den Sieg verschafft.

Anhang.

Der deutsche Rhein.

Von Nicol. Becker.

Sie sollen ihn nicht haben,
Den freien deutschen Rhein,
Ob sie wie gier'ge Raben
Sich heiser darnach schrei'n,

So lang er ruhig wallend
Sein grünes Kleid noch trägt,
So lang ein Ruder schallend
In seine Woge schlägt!

Sie sollen ihn nicht haben,
Den freien deutschen Rhein,
So lang sich Herzen laben
An seinem Feuerwein,

Germanus Rhenus esto.

Sec. Nicol. Beckerum.

Germanus Rhenus esto!
Ne isti habeant,
Et ore si infesto
Ut corvi inhiant!

Dum viridi quiete
Vestitu labitur,
Dum lymphas ejus laete
Ratis pervehitur!

Germanus Rhenus esto!
Ne isti habeant,
Dum uvae cordi maesto
Levamen dulce dant!

So lang in seinem Strome
Noch fest die Felsen steh'n,
So lang sich hohe Dome
In seinem Spiegel seh'n!

Sie sollen ihn nicht haben,
Den freien deutschen Rhein,
So lang dort kühne Knaben
Um schlanke Dirnen frei'n,

So lang die Flosse hebet
Ein Fisch auf seinem Grund,
So lang ein Lied noch lebet
In seiner Sänger Mund!

Sie sollen ihn nicht haben,
Den freien deutschen Rhein,
Bis seine Flut begraben
Des letzten Mann's Gebein!

Dum stant in ejus undis
Immoti scopuli,
Dum templis mirabundis
Est instar speculi!

Germanus Rhenus esto!
Ne isti habeant,
Dum pro altari festo
Se sponsi sociant!

Dum piscis luxuriatur
In ejus fluctibus,
Dum carmen resonatur
Poetae oribus!

Germanus Rhenus esto!
Ne isti habeant,
Dum gurgite infesto
Nos undae tumulant!

Das Kutschke-Lied.

Von Herm. Alex Pistorius

"Was kraucht dort in dem Busch herum?
Ich glaub', es ist Napolium!"
Was hat der rum zu krauchen dort?
Drauf, Kameraden, jagt ihn fort!

"Da haben sich im off'nen Feld
Noch rothe Hosen aufgestellt."
Was haben die da rumzustehn?
Drauf los, die müssen wir besehn!

"Mit den Kanonen und Mamsell'n,
Da knall'n sie, daß die Ohren gell'n."
Was haben sie da rumzuknall'n?
Drauf, Kameraden, bis sie fall'n!

Cantilena Kutschkeana.

Sec. Herm. Alex. Pistorium.

„Quid reptat hic per fruticum
Latebras? En, Napolium!"
Quid reptat hic in frutice?
Sodales, quin propellite!

„Quid adstant illic bracculis
Superbientes rubeis?"
Quid adstant illic? Agite,
Sodales, istos visite!

„Tormentis atque globulis
Aures divexant militis."
Quid nos divexant? Agite,
Sodales, humi sternite!

„Napolium, Napolium,
Mit deiner Sache geht es krumm!"
Mit Gott drauf los, dann ist's vorbei
Mit seiner ganzen Kaiserei.

„Napolium, Napolium,
Heu, perdidisti oleum!"
Est Deus nobis socius:
Sceptro te spoliabimus.

Die Wacht am Rhein.

Von Max Schneckenburger.

Es braust ein Ruf wie Donnerhall,
Wie Schwertgeklirr und Wogenprall:
Zum Rhein, zum Rhein, zum deutschen
Rhein!
Wer will des Stromes Hüter sein?
Lieb Vaterland, magst ruhig sein;
Fest steht und treu die Wacht am Rhein!

Durch Hunderttausend zuckt es schnell,
Und aller Augen blitzen hell;
Der deutsche Jüngling fromm und stark
Beschirmt die heil'ge Landesmark.
Lieb Vaterland, magst ruhig sein;
Fest steht und treu die Wacht am Rhein!

Custodia Rhenana.

Sec. Maxim. Schneckenburgerum.

Sonat vox instar tonitrus,
Undarum velut fremitus:
 Ad Rheni sacra litora!
 Quis aget patrocinia?
O patria, ne pavita!
Stat pervigil custodia.

Pertentat mille animos,
Incendit mille oculos;
Pius et fortis juvenis
Est tutor sacris terminis.
O patria, ne pavita!
Stat pervigil custodia.

Er blickt hinauf in Himmelsau'n,
Wo Heldengeister niederschau'n,
Und schwört mit stolzer Kampfeslust:
„Du, Rhein, bleibst deutsch wie meine Brust!"
Lieb Vaterland, magst ruhig sein;
Fest steht und treu die Wacht am Rhein!

„Und ob mein Herz im Tode bricht,
Wirst du doch drum ein Welscher nicht;
Reich wie an Wasser deine Flut
Ist Deutschland ja an Heldenblut."
Lieb Vaterland, magst ruhig sein;
Fest steht und treu die Wacht am Rhein!

„So lang ein Tropfen Blut noch glüht,
Noch eine Faust den Degen zieht,
Und noch ein Arm die Büchse spannt,
Betritt kein Feind hier deinen Strand!"
Lieb Vaterland, magst ruhig sein;
Fest steht und treu die Wacht am Rhein!

Der Schwur erschallt, die Woge rinnt,
Die Fahnen flattern hoch im Wind:

Ad coelum tollit lumina,
Testatur patrum numina
Juratque: „Rhene, Teutonus
Ut meus manes animus!"
O patria, ne pavita!
Stat pervigil custodia.

„Et si occumbam, populi
Non tamen fles Gallici:
Abundat, ut tu fluctibus,
Germania heroibus."
O patria, ne pavita!
Stat pervigil custodia.

„Dum sanguis venas permeat,
Dum ensem manus subligat,
Dum arcum tendunt brachia,
Intacta manent litora."
O patria, ne pavita!
Stat pervigil custodia.

Sonat vox, undae fluctuant,
Vexilla vento volitant:

Zum Rhein, zum Rhein, zum deutschen Rhein!
Wir alle wollen Hüter sein!
Lieb Vaterland, magst ruhig sein;
Fest steht und treu die Wacht am Rhein!

Ad Rheni agunt litora
Germani patrocinia.
O patria, ne pavita!
Stat pervigil custodia.

Druck von J. P. Himmer in Augsburg.